AF302564

DAS 7-S-MODELL

Der Schlüssel zum Erfolg eines Unternehmens

Verfasst von Anastasia Samygin-Cherkaoui
In Zusammenarbeit mit Anne-Christine Cadiat
Übersetzt von Mareike Lobeck

Business 50MINUTEN.de

DAS 7-S-MODELL — 9

Schlüsselinformationen
Einleitung

DAS 7-S-MODELL IN DER THEORIE — 15

DAS 7-S-MODELL: SCHWÄCHEN UND VERWANDTE MODELLE — 33

Schwächen
Verwandte Modelle

DAS 7-S-MODELL IN DER PRAXIS — 39

Tipps und Best Practices
Fallstudie

ZUSAMMENGEFASST — 53

DARÜBER HINAUS — 57

DAS 7-S-MODELL

SCHLÜSSELINFORMATIONEN

- **Bezeichnungen:** 7-S-Modell, Sieben-S-Modell, McKinsey-7-S, McKinsey 7-S-Model, McKinsey 7-S Framework
- **Anwendungsbereiche:** Management und Geschäftsführung mittelständischer und großer Unternehmen, Anpassung an Veränderungen
- **Warum ist es so gut:** einfache visuelle Darstellung und Anwendbarkeit
- **Schlüsselwörter:** Unternehmen, Modell, Management, Veränderung

EINLEITUNG

Hintergrund

Das Konzept der 7-S stammt aus den 1980er Jahren und wurde in dem Artikel Structure is not Organization (1980) von Robert Waterman, Thomas Peters und Julien Philips erstmals vorgestellt. Es entsteht in einer Zeit, in der Unternehmen ihren Fokus auf Strategie und

Organisation legen. So geht es in diesem Konzept auch darum, die gesamte Unternehmensstruktur neu zu gestalten und nicht nur die verwendeten Methoden neu anzuordnen.

So beliebt Diagramme und schematische Darstellungen – Flussdiagramme, Prozesse usw. – in der Unternehmenswelt heute sind, so genial war der Einfall in den Achtzigerjahren – und das gleich doppelt:

- Zum einen überrascht die Darstellung in Form eines Atoms durch ihre Originalität.
- Zum anderen wird durch die Wiederholung des Anfangsbuchstaben „S" in jedem Element eine Alliteration geschaffen.

Dank dieser beiden Eigenschaften kann man sich das Konzept leicht merken und die Beziehungen zwischen den sieben Elementen gut darstellen. Dies trägt schließlich zum anhaltenden Erfolg des Konzepts bei.

Definition

Das von der Unternehmensberatung McKinsey entwickelte Modell dient der Bewertung einer

Organisation und wird in Form eines Atoms dargestellt. Die Bezeichnung des Modells kann quasi als Eselsbrücke angesehen werden, da sie sowohl die Anzahl der abgebildeten Elemente angibt, als auch deren Anfangsbuchstaben: in jedem Fall ein „S" (*strategy*, *structure*, *systems*, *style*, *staff*, *shared values*, *skills* – im folgenden Kapitel werden diese näher erläutert). Die Elemente sind alle miteinander verbunden und bewirken sich gegenseitig. Sie sind teils konkret greifbar, teils abstrakt (oder werden subjektiv empfunden), in jedem Fall aber ausschlaggebend für den Aufbau und die Handlungsweise eines Unternehmens. Ihre Analyse bietet einen hervorragenden Ansatz für Verbesserungsmaßnahmen und Veränderungen.

Gut zu wissen

McKinsey ist eine 1926 gegründete, auf Strategie spezialisierte Unternehmensberatung. Sie wird insofern als hochrangig angesehen, als dass sie vor allem international agierende Unternehmen berät, an deren Spitze sich häufig ehemalige McKinsey-Mitarbeiter finden.

DAS 7-S-MODELL IN DER THEORIE

Der Erfolg des 7-S-Modells liegt zu großen Teilen in der Darstellungsform als Atoms. Dynamisch und auf einfache und quasi selbsterklärende Weise wird so der Zusammenhang zwischen den einzelnen Elementen abgebildet. Diese Art der Darstellung ist – ohne sich vollständig davon abzugrenzen – weit entfernt von Flussdiagrammen, die sich gut für die Darstellung von Aufgabenverteilungen und auf Geschwindigkeit basierender Produktionssteigerung eignen, sowie traditionellen pyramidenförmigen Organigrammen, obwohl auch diese heute immer häufiger den Informationsfluss miteinbeziehen.

Seit den Dreißigerjahren existieren Studien, die die Wichtigkeit menschlicher Beziehungen nachweisen. Dies lässt schlussfolgern, dass es leichtsinnig wäre, lediglich an technische Verbindungen zu glauben. So können sich beispielsweise zwischen Angestellten oder Angestelltengruppen Beziehungen und Zusammenspiele entwickeln, die über den theoretischen Rahmen des funktionalen Organigramms hinausgehen. Diese Beziehungen können natürlich freundschaftlich sein, allerdings geht es bei ihnen häufig auch um Einfluss, das heißt darum, wie eine Person andere in ihrem Verhalten bewusst oder unbewusst manipulieren kann, um sie von ihren eigenen Zielen oder Werten zu überzeugen. Diese Beziehungen sind zwar für die Geschäftsführung unsichtbar, aber dennoch extrem wichtig, da sie die gesamte Struktur eines Unternehmens verändern können. Viele haben dies vielleicht schon in ihrem eigenen Umfeld erlebt, wenn das Verhalten einzelner Personen in einer Gruppe das Ergebnis aller verändert hat. Ein Beispiel dafür ist der Sport, wo ein Trainerwechsel zu anderen Ergebnissen führt, obwohl das Team dasselbe bleibt und jedes Teammitglied seine Position behält.

Genauso verändern sich auch Unternehmen und damit ihre Bedürfnisse. Natürlich bleibt das Wesentliche bestehen: Nach wie vor gibt es Familienbetriebe, Unternehmen mit stark standardisierten Aufgabengebieten, kompetenzbasierte Unternehmen (wo Mehrwert beispielsweise durch geistige Leistungen erbracht wird) und ergebnisorientierte Betriebe. Veränderungen entstehen dagegen durch die Kombination bestehender Modelle, was zu immer mehr gemischten Strukturen führt. Hinzu kommen meist eine wachsende Internationalisierung und Deterritorialisierung. Ein Supermarkt arbeitet beispielsweise meist recht eigenständig (jeder Teil des Unternehmens ist auch selbst ein Unternehmen), gehört aber zu einer wesentlich größeren Einheit (in diesem Beispiel einer auf nationaler Ebene agierenden Gruppe, die ihn besitzt), die selbst Teil einer noch größeren Einheit sein kann (auf internationaler Ebene).

In diesem Kontext entsteht das 7-S-Modell:

Die Bestandteile des Modells

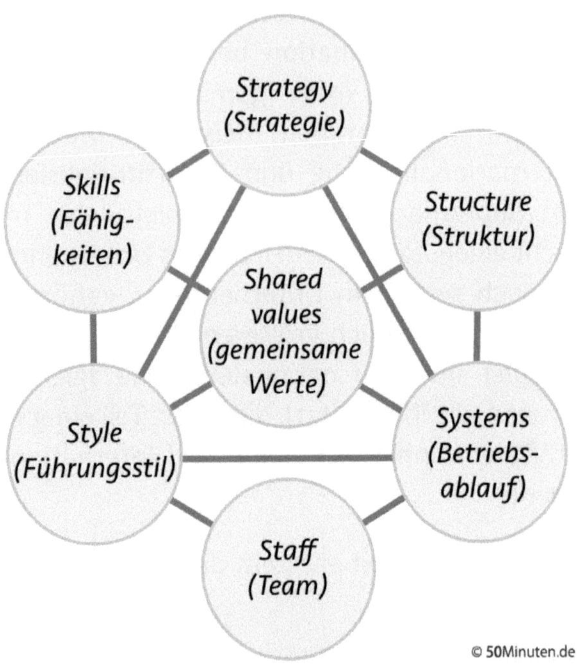

In der Praxis betont diese Darstellung das Zusammenspiel zwischen den verschiedenen Elementen, die alle miteinander verbunden sind und sich dabei einen gemeinsamen Kern teilen. Dieser sollte etwas genauer betrachtet werden. Zu Beginn stellte der Kreis in der Mitte die „übergeordneten Ziele" (*superordinate goals*) dar. Tony

Athos (1934-2002), Professor an der Harvard Business School und mit Robert Waterman bekannt (Mitbegründer des Modells), benannte diese Ziele in „gemeinsame Werte" (*shared values*) um. Diese Änderung ist nicht unerheblich: Sie gibt dem Denkansatz eine neue Richtung, indem sie eine feste Grundlage (Werte) an die Stelle setzt, wo sich bislang zukunftsgerichtete Elemente (Ziele) befanden.

Die sieben Bezeichnungen wurden nicht zufällig, sondern nach reifer Überlegung und eingehender Diskussion gewählt.

STRATEGY

Die Strategie (strategy) bestimmt die einzusetzenden Mittel, deswegen muss sie vor allen anderen Elementen definiert werden. Sie ist in gewisser Weise die Reaktion eines Unternehmens auf sein Umfeld. Müssen Kosten gesenkt werden? Sollte in großen Mengen produziert oder sollte eine bestimmte Zielgruppe angesprochen werden? Sollte das Unternehmen sein Tätigkeitsfeld erweitern oder sich lieber spezialisieren? Sollte Wettbewerbern gegenüber ein aggressives Verhalten angenommen werden oder sollte sich das Unternehmen von der Konkurrenz abgrenzen?

Die Strategie entsteht aus dem Zusammenspiel zwischen einem Unternehmen und seiner Umgebung. Sie ist, wie man sieht, ausschlaggebend und bietet gleichzeitig Raum für mögliche Veränderungen. Trotzdem sollte an diesem Punkt nicht übereilt gehandelt werden, da die Strategie Einfluss auf verschiedene Entscheidungen hat, vor allem hinsichtlich Investitionen, Produktpositionierung oder geografischer Präsenz. Sie kann also nicht ohne weiteres verändert werden.

Es wird zwischen drei Strategiearten unterschieden:

- Kostenführerschaft
- Differenzierung (Wert)
- Fokussierung (Nische)

Eine ungenau oder schlecht definierte Strategie kann zu ungünstigen Entscheidungen führen, wie z. B. unbegründete Investitionen, Vorrang bestimmter Kompetenzen auf Kosten anderer usw. Dies kann eine gewisse Streuung der Unternehmenstätigkeit bewirken: Das Unternehmen verliert seine Spezialisierung bzw. das Merkmal, durch das es sich von anderen abgrenzen konnte. Im Gegensatz dazu führt eine klar definierte Strategie zu Investitionen und Entscheidungen, die eine eindeutige Richtung verfolgen. Eine geeignete Strategie verhilft der Mission also zum Erfolg! Im entgegengesetzten Fall wird sich das Unternehmen wahrscheinlich nur schwer verändern können.

Große Handelsketten veranschaulichen diesen Punkt sehr gut: Manche Ketten unterscheiden sich durch ihre Preisgestaltung (Niedrigpreise), andere sind bekannt für die Qualität oder Originalität ihrer Produkte. Wieder andere haben keine besondere Eigenschaft. Der gleiche Ansatz gilt in der IT- und Telekommunikationsbranche: Manche Marken grenzen sich von anderen ab, sei es durch Design oder durch technische Eigenschaften. Sie spezialisieren sich beispielsweise und wenden sich an eine bestimmte Zielgruppe. Andere befinden sich im Wettbewerb mit diversen weiteren Marktteilnehmern und müssen sich durch andere (gegebenenfalls miteinander kombinierte) Faktoren abgrenzen, so etwa durch den Preis oder Zubehör. Dazu gehören auch Apps oder „das gewisse Etwas", ob materiell oder immateriell, die dem Käufer den Eindruck vermitteln, Teil einer Verbrauchergemeinschaft zu sein (daher die Entstehung von Bereichen wie Community Management). Hier wird zwar ein größeres Publikum erreicht, die Kunden werden aber weniger stark an das Unternehmen gebunden.

STRUCTURE

Wenn das Geschäftsmodell weiterentwickelt oder verändert wird, hat das grundlegende Auswirkungen auf die Unternehmensstruktur. Die Mitarbeiter müssen ebenso sensibilisiert werden, damit sie die Unternehmensstrategie in ihrer Gänze verstehen und ihren eigenen Bereich in die Gesamtstruktur einordnen, mit anderen Worten: damit sie festlegen, wie und mit wem sie arbeiten.

Zurzeit dezentralisiert sich die Industrie immer mehr. Auf Unterteilungen nach Funktion und Produkt sind weitere Segmentierungen gefolgt: nach Land oder Region, Markt, Bevölkerungsgruppen oder Produkttypen usw.

Die Unterteilungen schließen sich auch nicht unbedingt gegenseitig aus. Um das Beispiel der großen Handelsketten wieder aufzugreifen: Eine Kette kann sowohl eine geografische Segmentierung vornehmen, als auch innerhalb jeder Einheit eine Unterteilung nach Produktengruppen.

Vor diesem Hintergrund erscheint es noch wichtiger, dass ein Unternehmen einer zentralen Ausrichtung folgt, auch wenn die einzelnen Abteilungen letztendlich ihre eigenen Strategien einsetzen. Die zentralen Vorgaben sollten dagegen allgemein gelten, während es den jeweiligen Unterebenen überlassen bleibt, ihren Bereich weiterzuentwickeln. Eine solche Aufbauorganisation kann als temporär angesehen werden, da sie aufgrund ihrer politischen oder zufälligen Natur relativ flexibel ist. Mit anderen Worten passt sie sich an das Umfeld an.

GUT ZU WISSEN

- Der Strukturalismus besagt, dass sich soziale Beziehungen in sozialen Konstruktionen anordnen, ohne dass sich die Akteure dessen bewusst sind. In den Geisteswissenschaften tauchte der Begriff der Struktur in Frankreich in den 1950er Jahren auf. Die Denker des Strukturalismus – insbesondere Émile Benveniste (1902-1976), Claude Lévi-Strauss (1908-2009), Roland Barthes (1915-1980) und Maurice Godelier (geboren 1934) – streben eine Organisationsform an, die von zwischenmenschlichen Beziehungen geprägt wird.

- In der Biologie ist eine der Eigenschaften einer Struktur ihre Fähigkeit zur Selbstregulierung.

In gleicher Weise passt sich die Aufbauorganisation an aktuelle Ereignisse an. Der Beziehungsaspekt ist dabei ausschlaggebend. Während das Konzept „System" bereits gegebene Elemente vorsieht, zwischen denen sich jeweils unterschiedliche Beziehungen entwickeln, geht der Strukturalismus noch einen Schritt weiter: Hier entstehen soziale Konstruktionen nach abstrakten Regeln, und der Ursprung einer Struktur (z. B Aufbauorganisation) mischt sich mit ihrer Funktion, sodass sie sich an jede Störung spontan anpassen kann.

SYSTEMS

Die Systeme bezeichnen die Vorgehens- und Funktionsweisen, die den Alltag eines Unternehmens bestimmen. Dazu gehören Budgetüberwachung, die Einhaltung interner Prozesse, juristische Begleitung usw. Eine Strategie, die all diese Vorgehensweisen nicht mit einbezieht, ist zum Scheitern verurteilt, egal wie gut sie sonst ist, da sie den eigentlichen Betriebsablauf nicht berücksichtigt. Bei einer Änderung oder auch bei der einfachen Analyse des Betriebsablaufs sollte daher unbedingt darauf geachtet werden, dass alle Prozesse und Kontrollfunktionen miteinbezogen werden.

STAFF

Der Begriff *staff* (oder das Stammpersonal) bezieht sich auf das ganze Team im weitesten Sinne: Dies umfasst Fähigkeiten, Kenntnisse, Weiterbildungsmaßnahmen, Verhaltensweisen, aber auch Gehälter, Hierarchie, die Entwicklung und Förderung von Mitarbeitern. Es handelt sich hier also um das Management des gesamten Personalbereichs.

STYLE

Dieser Begriff ähnelt in seiner Bedeutung dem *staff*, bezieht sich aber auf eine andere Ebene: Es geht um das Verhalten der Topmanager oder den Führungsstil. Man mag diese Unterscheidung in Führungsschiene und Mitarbeiter bedauern, da ja Manager ebenso Mitarbeiter sind. Allerdings müssen auch die Auswirkungen anerkannt werden, die ein Wechsel in der Unternehmensführung auf das gesamte Unternehmen haben kann. Es wird oft eingewendet, dass eine Unternehmenskultur nicht nur von der Führung abhängt. Beispiele hierfür gibt es genug: So kann bei einem Mannschaftssport ein einzelner Spieler eine stärkere Persönlichkeit oder einen dominanteren Stil haben als der Trainer. Aber reicht das aus, um den Trainer zu ersetzen? Genauso kann es beim Film vorkommen, dass eine Nebenrolle die Hauptrolle in den Schatten stellt. Aber gehört es nicht gerade zum Know-how des Regisseurs, eine Umgebung zu schaffen, in der sich Persönlichkeiten ausdrücken können? Machtspiele in der Politik sind ebenfalls nicht zu vernachlässigen...

Das Topmanagement bezeichnet den höchsten Tätigkeitsbereich eines Unternehmens (privat oder staatlich). Topmanager sind häufig starke Persönlichkeiten, die ihr Team zusammenhalten und ihre Zukunftsvisionen sowie die geplanten Maßnahmen zur Erreichung der gesetzten Ziele überzeugend vertreten können. Sie treffen Entscheidungen über Strategien und Ziele des Unternehmens, müssen sie aber (theoretisch) auch verantworten: Sie (alleine) tragen die Verantwortung für Erfolg oder Misserfolg ihrer Unternehmenspolitik.

SKILLS

Der Begriff *skills*, im Allgemeinen als Fähigkeiten übersetzt, kann außerdem Kenntnisse bezeichnen, da es hier sowohl um praktisches als auch theoretisches Wissen geht. Auch dieser Begriff überschneidet sich ein wenig mit *staff* und *strategy*, aber nicht vollständig.

Die *skills* umfassen:

- Die Besonderheiten des Unternehmens oder der Marke, das heißt die Elemente, die das Unternehmen von seinen Wettbewerbern abhebt (oder durch die es sich abzuheben versucht).
- Die Fähigkeiten des Personals. Das Unternehmen wünscht sich Mitarbeiter, deren Einstellung und Fähigkeiten mit den Unternehmenswerten in Einklang stehen und sie positiv ergänzen können.

Es geht also darum, die Qualitäten der Mitarbeiter sinnvoll mit den Anforderungen des Unternehmens zu kombinieren – mit dem Ziel einer positiven Entwicklung auf allen Seiten.

SHARED VALUES

Die *shared values*, also die „gemeinsamen Werte", bilden den Kern des Modells. Einer der Kritikpunkte am Strukturalismus zielte auf die Vernachlässigung der Akteure, die in gewisser Weise wie ein zufälliges Beiwerk der Struktur behandelt wurden. Daraufhin haben sich einige Soziologen, angeführt von Pierre Bourdieu (1930-

2002), bemüht, die Akteure aufzuwerten. Zwar wurden sie nicht komplett aus den Strukturen gelöst, die Bedeutung ihrer Erfahrungen und Handlungsmuster wurde aber als fester Bestandteil mit in die Struktur aufgenommen.

Natürlich hat nicht jeder das Glück, in einem Beruf oder selbst in einer Lebenssituation seiner Wahl zu landen. Trotzdem sollte ein Minimum an gemeinsamen Werten vorliegen, ob es dabei nun um die Qualität der Dienstleistungen bzw. Produkte oder um den Einsatz des Unternehmens für eine bestimmte Sache geht. Man muss sich nur vorstellen, in einer Werkstatt zu arbeiten, in der am Dienstag das auseinandergenommen wird, was am Montag zusammengebaut wurde. Solange Sie nicht merken, dass Ihre Arbeit sinnlos ist, werden Sie sie wahrscheinlich fortsetzen – mit wechselhafter Motivation und vielleicht sogar mit einer Zielsetzung hinsichtlich Produktivität oder Qualität. Erkennen Sie hingegen die Absurdität Ihrer Aufgabe, machen Sie dann weiter? Für wie lange? Unter welchen Voraussetzungen? Das gleiche gilt für die oben erwähnte Strategie und das Management: Eine Änderung auf dieser Ebene kann zu Unzufriedenheit bei den Mitarbeitern führen (zu einem Anstieg der Fehlzeiten, Produktivitätsverlust, einer Verschlechterung der Arbeitsqualität, Kündigungen, sobald sich die Möglichkeit bietet, Streik usw.). In den Nachrichten oder im eigenen Umfeld kann jeder Beispiele finden, die veranschaulichen, wie unvereinbare Werte zu Spannungen oder Brüchen führen.

Die Verbindung zwischen den Werten einer Gesellschaft (Konsens ihrer Mitglieder) und den Unternehmenswerten steht hierbei im Vordergrund. Dabei sind die Unternehmenswerte eine Art Minimalausgabe der Werte der Gesellschaft und müssen für letztere Sinn ergeben.

FAZIT

Da alle Elemente des Modells miteinander verbunden sind, hat die Veränderung eines der Elemente direkte Auswirkungen auf alle anderen. Das Schema muss also immer als dynamisch angesehen werden. Die Darstellung in Form eines Atoms lässt dem Anwender die freie Wahl, mit welchem Element er beginnen möchte, je nachdem welche Informationen er besitzt und welche Position er innehat – auch wenn die *shared values* nicht zufällig den zentralen Platz einnehmen.

Um abzuschließen sei angemerkt, dass die Analyse der 7-S dabei hilft, sich einen Gesamtüberblick über das Fundament eines Unternehmens oder einer Organisation zu verschaffen.

DAS 7-S-MODELL: SCHWÄCHEN UND VERWANDTE MODELLE

SCHWÄCHEN

Der Artikel *Structure is not Organization* (1980) stellt das 7-S-Modell vor. In Anlehnung an den belgischen Maler des Surrealismus René Magritte (1898-1967) wird die These vertreten, dass die Darstellung einer Sache nicht die Sache selbst ist. Führt man diesen Gedanken weiter, ist die schematische Darstellung einer Organisation, so praktisch orientiert und gut durchdacht sie auch sein mag, also nicht die Organisation selbst. Das 7-S-Modell stellt demnach genauso wenig ein hundertprozentiges Erfolgsrezept für ein Unternehmen dar wie andere. Dennoch: Da es auch subjektive Informationen miteinbezieht (bei den gemeinsamen Werten, beim Stammpersonal, bei den Fähigkeiten usw.) und den Sonderfaktor „Unternehmenskultur" beachtet, scheint sich das Modell besser als andere an die jeweiligen

Gegebenheiten eines Unternehmens anzupassen. Das Topmanagement beansprucht für sich einen eigenen Punkt (*style*) und ist dadurch vielleicht etwas überrepräsentiert, da man es zu einem gewissen Maße auch in *staff* mitaufnehmen könnte.

Die Organisationstheorie, in die das 7-S-Modell eingeordnet wird, betont mit ihrem interaktiven Ansatz die Wichtigkeit der menschlichen Beziehungen. Sie ist damit ein Teil der allgemeinen Handlungstheorie, die von Soziologen wie Max Weber (1864-1920) in Deutschland, Talcott Parsons (1902-1979) in den USA und Michel Crozier (1922-2013) und Erhard Friedberg (geboren 1942) in Frankreich entwickelt wurde.

GUT ZU WISSEN: DIE ALLGEMEINE HANDLUNGSTHEORIE

Nach dieser Theorie lassen sich alle sozialen Konstruktionen durch die Handlungen ihrer Akteure erklären. Machtbeziehungen werden allein durch Dominanz bestimmt, wobei die Macht des Akteurs seiner Fähigkeit entspricht, andere zu beeinflussen. Diese Fähigkeit ist offensichtlich ungleich verteilt

– so entstehen Unsicherheitszonen und damit Macht. Gleichzeitig werden geltende Regeln weiter eingehalten, das heißt, das Handlungssystem (oder Spiel) bleibt bestehen.

VERWANDTE MODELLE

Ihr Erfolg zeigt, dass grafische Darstellungen gern in Unternehmen angewandt werden. Präsentationen von Managern enthalten häufig Darstellungen wie die der 7-S. Flussdiagramme, die alle Einzelschritte einer Handlung darstellen, und Prozessbeschreibungen entstehen im Management aus ähnlichen Überlegungen heraus.

Immer mehr Modelle versuchen außerdem, durch die Verwendung von Alliterationen oder Fragen (wer, wann, wie, wie viele) die Einprägung zu erleichtern.

Das Wichtigste beim 7-S-Modell sind die Verbindungen zwischen den einzelnen Elementen und die Bedeutung der menschlichen Beziehungen. Das sollte aber niemanden daran hindern, das Modell auf seine Art und Weise anzuwenden. Sich auf ein bewährtes Modell zu stützen heißt nicht unbedingt, es eins zu eins anzuwenden.

DAS 7-S-MODELL IN DER PRAXIS

TIPPS UND BEST PRACTICES

Wie wird das 7-S-Modell ganz konkret in einem Unternehmen bei der Projektrealisierung (erneut) umgesetzt?

Wie fängt man an?

1. Fall: Unternehmensgründung

Wenn man morgen ein Unternehmen gründen will, macht man sich vermutlich vorher Gedanken. Auf eine „Metaebene", auf der man gleichzeitig Akteur und externer Beobachter ist, legt man zuerst seine Strategie fest. Dazu stellt man sich die folgenden Fragen:

- Was ist das Produkt?
- Wie sieht die eigene Position im Vergleich zu (potenziellen) Wettbewerbern aus?

Theoretisch würden vermutlich als nächstes Fragen zu den Werten und danach zu den übrigen Elementen des Modells folgen. In der Praxis hat man aber leider nicht immer die Möglichkeit, so vorzugehen.

2. Fall: Bestehendes Unternehmen

In einer bestehenden Struktur beginnt man besser mit dem Kern des Atoms, das heißt mit den Werten. Diese sind wahrscheinlich der kleinste gemeinsame Nenner der Akteure im Unternehmen. Über die *shared values* nachzudenken hilft also in erster Linie dabei herauszufinden, was die Akteure miteinander teilen. Die Beantwortung der Frage nach den Werten und eine Veränderung ihres Schwerpunkts kann sich natürlich auf die Strategie und alles Weitere auswirken. Ein Beispiel: Soll eine nicht mehr rentable Dienstleistung erhalten bleiben? Spontan würde man diese Frage mit Nein beantworten. Bei medizinischer Versorgung oder beim öffentlichen Nahverkehr fällt die Antwort aber vermutlich schon anders aus.

Projekt konkretisieren

Sowohl bei einem neuen Projekt als auch bei einer bestehenden Struktur ist es unerlässlich, im Vorhinein mit den Akteuren zu sprechen. Quasi „von oben herab" in die entgegengesetzte Richtung zu handeln würde dagegen bedeuten, die Mitarbeiter in gewisser Weise zu ihrem Glück zu zwingen. Totalitäre Systeme haben zur Genüge gezeigt, dass diese Herangehensweise nicht funktioniert. Selbst wenn die gewünschte Veränderung sinnvoll ist, kann eine solche Methode die Umsetzung zum Scheitern verurteilen.

Nachdem die Produkte und die Werte des Unternehmens bestimmt wurden, ist nun der Zeitpunkt für die Konkretisierung des Projekts gekommen:

- Welche Schritte müssen eingehalten werden?
- Welche finanziellen Mittel und Ressourcen – *staff* und *skills* – sind dafür nötig?
- Welche Besonderheiten hat die Struktur?
- Was hebt sie von ihren Wettbewerbern ab?
- Wie erreicht sie ihre Verhandlungspartner?

Durch die Beantwortung dieser Fragen lässt sich die Unternehmenskultur, in direkter Verbindung zu den Unternehmenswerten, (neu) definieren. Die Strategie kann wiederum nur unter Einbeziehung von Werten, Fähigkeiten und Umfeld (Wettbewerber), in dem sie wirken soll, definiert werden.

Projekt bewerten

Zur Bewertung des Projekts muss das System (Qualitätskontrollen und Prozesse) analysiert werden, um so einen Überblick über die Organisation, ihre Stärken und Schwächen zu erhalten.

Die Überlegungen zu den 7-S führen zwangsläufig zur Erhaltung oder Anpassung der Struktur, die als Handlungsrahmen fungiert.

Die Beantwortung der Fragen zeigt die Verbindungen zwischen den verschiedenen Elementen des 7-S-Modells auf. Es ist manchmal schwierig, aus der Betrachtung aller Elemente zu erkennen, welche Elemente davon sich gegenseitig bewirken. Letzten Endes zählt aber, dass kein Aspekt übergangen wurde.

FALLSTUDIE

Man nehme das Unternehmen X, Akteur im öffentlichen Sektor und dementsprechend Unternehmen des öffentlichen Rechts. Verschiedene externe Berichte zeigen große Probleme in der Unternehmensführung auf. Zu den Symptomen gehören:

- Verschlechterung der Liquiditätslage
- Lückenhafte Personalverwaltung, insofern als dass in den vergangenen Jahren die Anzahl der Arbeitnehmer gestiegen ist, obwohl die Arbeit dieselbe geblieben ist.
- Personalaufwand macht 50 % des Umsatzes aus

X, das öffentliche Unternehmen, ist einer gewissen Überwachung ausgesetzt und muss einige Fragen aufwerfende Punkte der Unternehmensführung rechtfertigen. Diese Situation führt zu Spannungen zwischen dem Unternehmen und der Aufsichtsbehörde. Zur gleichen Zeit bekommt das Unternehmen auch einen neuen Verwaltungsratsvorsitzenden.

Um die Aufsichtsbehörde zu beruhigen und auch, um sich ein wenig Luft zu verschaffen, beschließt der Verwaltungsrat von X unter Einfluss des neuen Vorsitzenden, einen externen Berater mit der vollständigen Analyse der Situation zu beauftragen.

Der (nach einer öffentlichen Ausschreibung) bestimmte Berater kennt das 7-S-Modell gut.

- Er erstellt zunächst eine schnelle erste Analyse der Situation, mit einem Fokus auf den Finanzen: Einnahmen und Entwicklung der Ergebnisse der letzten Jahre, Analyse der größten Kostenposten, Bruttoaufwand usw. Seine Ergebnisse stimmen nicht nur mit denen der Aufsichtsbehörde überein, sie sind sogar noch beunruhigender.
- Nach dieser ersten Erkenntnis, die quasi *ex cathedra* gezogen wurden, da die Erstellung eines Finanzberichts nicht unbedingt der Anwesenheit vor Ort bedarf, organisiert der Berater Workshops mit den jeweiligen Verantwortlichen. Daraus werden weitere Erkenntnisse gezogen, die Schwachpunkte in Organisation und Logistik, interne Spannungen, Zuständigkeitsprobleme usw. hervorheben (*structure, staff*).
- Nachdem sich der Berater deutlich die Missionen und Ziele des Unternehmens vor

Augen geführt hat, besteht seine Arbeit darin, konkrete Empfehlungen auszusprechen (*strategy, shared values*). Die Lösungsansätze sind Ergebnisse der Workshops, sind also im Einvernehmen oder in Zusammenarbeit mit den Angestellten des Unternehmens entstanden (*shared values*). Sie werden teilweise umgesetzt.

- So wird X von Grund auf neu organisiert: Obwohl es aus sozialer Sicht nur schwer zu ertragen ist, dass zwangsläufig ein großer Teil des Personals (ein Drittel) entlassen oder in den vorzeitigen Ruhestand geschickt wird, kommt es zu keinem Streik (*structure, staff, shared values*).

Bei der Vorgehensweise des Beraters wird klar, dass seine Überlegungen vom Kern des 7-S-Modells ausgehen. Er betrachtet zunächst die gemeinsamen Werte der Arbeitnehmer. Danach beschäftigt er sich mit dem Personal, seinen Stärken und Schwächen. Die Probleme werden hinsichtlich der Kluft zwischen System (Prozessen) und Personal analysiert. Das Ergebnis zeigt beispielsweise, dass manche Missionen nicht genau definiert oder teilweise doppelt vorhanden sind und dass einigen die Instrumente oder Qualifikationen fehlen, um ihre Aufgaben auszuführen (*staff, skills, systems, structure*).

Bei der Klärung interner Prozesse arbeitet der Berater gleichzeitig am System und an den Zuständigkeiten.

Er nimmt außerdem einige Spannungen wahr, die teils beim Aufeinandertreffen unterschiedlicher Persönlichkeiten, teils durch externe Faktoren politischer Natur entstehen. Wie bereits erwähnt, ist die Anzahl der Angestellten schnell und stark angestiegen, ohne dass sich die angebotenen Dienstleistungen geändert haben. Aufgrund der Politisierung des Verwaltungsrats erscheinen einige Arbeitsplätze berechtigter als andere (*staff, structure, style*). In dieser speziellen Situation arbeitet der Berater mit zwei relativ neuen Führungskräften zusammen, die von der Berechtigungsdiskussion noch nicht viel mitbekommen haben: der Finanzleiterin und dem Verwaltungsratsvorsitzenden.

Trotz – und bis zu einem gewissen Maße aufgrund – der Arbeitsdynamik entsteht eine Kluft zwischen einigen Angestellten, darunter auch der Geschäftsführer. Dieser sieht sich in seiner Legitimität verletzt, da einige seiner Entscheidungen und Handlungen in Frage gestellt wurden. Der Verwaltungsratsvorsitzende schaltet sich ein und wird zum Mittelsmann zwischen Angestellten und Verwaltungsrat. Er leistet so eine wichtige Arbeit, die zur Stärkung des gesamten Verwaltungsrats führt, den Informationsfluss verbessert und seiner Mitglieder stärker einbindet. Die Spannungen zeigen, dass der Berater durch seine Arbeit am System die Struktur ins Wanken gebracht hat. Aufgrund der Arbeit „an der Basis" ist die Struktur gezwungen, sich an die unumgängliche, grundlegende Umstrukturierung anzupassen.

Auf Veranlassung neuer Führungskräfte hin konnten die Verantwortlichen – sprich der Verwaltungsrat – mit der Unterstützung eines Großteils der Basis die Unternehmensstrategie den Empfehlungen des Beraters entsprechend neu definieren (*strategy*, *systems*, *shared values*, *style*). Die Missionen werden zwar vorgegeben, die Handlungsweise wird aber vom Unternehmen selbst bestimmt. In diesem Fall umfasst die Strategie Folgendes:

- Anpassung der Methode
- Definition von Zielen, die mit den Missionen des Unternehmens und den Werten, die ihm zu Grunde liegen, übereinstimmen. Da es sich um ein öffentliches Unternehmen handelt, das sich deshalb anders auf dem Markt bewegt als private Unternehmen, sind der Strategie gewisse Grenzen gesetzt.

Beim *style* hat der Wechsel des Verwaltungsratsvorsitzenden eine große Auswirkung: Das Führungsorgan erhält eine neue Dynamik und wird interaktiver. Der Geschäftsführer, dessen Fehlentscheidungen in den verschiedenen Berichten zu Tage traten, hat sich nicht in die Arbeit des Beraters mit eingebracht und steht nun alleine da. Da er die Unterstützung durch den Verwaltungsrat verloren hat, entscheidet er sich, das Unternehmen zu verlassen und in den Vorruhestand zu gehen. Er wird durch die Finanzleiterin ersetzt. Dies schließt gewissermaßen den Kreis, da diese und der Verwaltungsratspräsident die Hauptansprechpartner des Beraters waren.

Die Umstrukturierung des Unternehmens X ging ohne Aufschrei der Mitarbeiter vonstatten (vor allem ohne Streik). Heute ist das Arbeitsklima wesentlich besser als in der Vergangenheit. Der interne Betrieb ist dank der neuen Struktur der Aufgaben und Dienstleistungen harmonischer geworden. Einige Details müssen jedoch noch geklärt werden, so fehlen intern beispielsweise noch einige Fähigkeiten. Das liegt an Folgendem:

- Erstens ist das Personal im Allgemeinen nur gering qualifiziert.
- Zweitens mussten bestehende Gesetze eingehalten werden. Da ein Unternehmen, das sich so grundlegend umstrukturiert, zunächst keine Neueinstellungen vornehmen darf, musste festgelegt werden, wie viele Angestellte zur Aufrechterhaltung der Aktivitäten und des Niveaus der Dienstleistungen des Unternehmens notwendig sind. Das hieß, die benötigte Anzahl an Entlassungen zur Verkleinerung des Teams zu berechnen, das nun nicht unbedingt alle benötigten Fähigkeiten besitzt.

Es sollte betont werden, dass die Überlegungen des Beraters ihren Ausgangspunkt in der Atommitte des 7-S-Modells (gemeinsame Werte) haben, mit anderen Worten in dem, was allen Angestellten gemein ist. Danach ist er das Schema „abgegangen", das sich im Übrigen perfekt eignet. Die Verbindungen zwischen den einzelnen Elementen, unter denen es keine Hierarchie gibt, ist wohl eine der größten Stärken des Modells.

ZUSAMMENGEFASST

- Das 7-S-Modell von McKinsey ist ein Instrument zur Organisationsbewertung, das im Management vor allem bei der Umsetzung neuer Projekte oder bei Änderungen im internen Betrieb eines Unternehmens eingesetzt wird. Seinen Erfolg verdankt es der Beachtung interessanter Faktoren und der Verbindung zwischen diesen.
- Das Modell entstand in den Achtzigerjahren als Teil der Entwicklungen in Geisteswissenschaften (Strukturalismus und Aufwertung der sozialen Beziehungen) und Wirtschaft (Veränderung der Handels- und Unternehmensstrukturen, die zu einer Vermischung der Unternehmensformen und ihrer Internationalisierung führten).
- Die Theoretiker hinter dem 7-S-Modell sind Robert Waterman, Thomas Peters und Julien Philips.
- Das Modell bietet den großen Vorteil, dass es das Zusammenspiel zwischen den einzelnen Faktoren, die ein Unternehmen bestimmen,

mit einbezieht. Außerdem wird der Fokus auf menschliche Beziehungen und Qualität gelegt.

- Trotzdem wird auch dieses Modell, genau wie alle anderen Modelle, als Methode und nicht als Zielvorgabe angesehen. Hinzu kommt, dass vor allem subjektive Kriterien und qualitative Daten begünstigt werden, wenn menschliche Beziehungen, gemeinsame Werten und Management in den Vordergrund rücken. Deswegen ziehen manche andere Ansätze vor, die mehr auf wirtschaftlichen und quantifizierbaren Daten basieren.

*Ihre Meinung ist uns wichtig!
Hinterlassen Sie doch einen Kommentar auf der
Seite unserer Online-Buchhandlung
und teilen Sie Ihre Favoriten in den sozialen
Netzwerken!*

DARÜBER HINAUS

LITERATURVERZEICHNIS

- Bajoit, Guy: *Pour une sociologie relationnelle.* PUF: Paris 1992.

- Bourdieu, Pierre: *La Distinction. Critique sociale du jugement.* Éditions de Minuit: Paris 1979.

- Bourdieu, Pierre: *Questions de sociologie.* Éditions de Minuit: Paris 2002.

- Crozier, Michel; Friedberg, Erhard: *Die Zwänge kollektiven Handelns. Über Macht und Organisation.* Beltz Athenäum: Frankfurt/Main 1993.

- Désveaux, Emmanuel: *Au-delà du structuralisme. Six méditations sur Claude Lévi-Strauss.* Complexe: Paris 2008.

- Lévi-Strauss, Claude: *Strukturale Anthropologie I.* Aus dem Französischen von Hans Naumann. Suhrkamp: Berlin 1977.

- Peters, Tom: „tompeters!". Webseite von Tom Peters (auf Englisch). http://tompeters.com/ (05.03.2018).

- Waterman, Robert H.; Peters, Thomas J.; Philips, Julien R.: „Structure is not Organization". In: *Business Horizons.* 23 (Jun. 1980). S. 14-26.

WEITERFÜHRENDE LITERATUR

- Marek, Daniel: *Unternehmensentwicklung verstehen und gestalten. Eine Einführung.* Gabler: Wiesbaden 2010.

- Oesterle Michael-Jörg; Wolf, Joachim (Hrsg.): *Internationalisierung und Institution.* Gabler: Wiesbaden 2005.

SCHMÖKERN SIE SICH SCHLAU!

www.50Minuten.de

Die präsentierten Inhalte werden vom Herausgeber überprüft, dennoch übernimmt dieser keine Haftung für die inhaltliche Richtigkeit, Vollständigkeit und Aktualität der vorgestellten Inhalte.

www.50Minuten.de

ISBN digitale Ausgabe: 9782808008747

ISBN gedruckte Ausgabe: 9782808009102

Pflichtexemplar: D/2018/12603/212

Cover: © Plurilingua

Digitale Aufbereitung: Primento, der digitale Partner der Herausgeber